AF509512

HISTOIRE

ADMIRABLE, NOV-VELLEMENT ADVENVE

au païs de Languedoc, d'vn Gen-tilhomme, qui s'eſt apparu par plu-ſieurs fois à ſa femme, deux ans a-pres ſa mort.

Premierement en forme naturele : puis en forme d'vn corps mort, ayant eſté reco-gnu de pluſieurs perſonnes, tant Docteurs, Conſeillers, que Medecins & autres.

A PARIS,

Chez IACQVES LE ROY, deuant le College de Cambray.

1609.

Auec priuilege du Roy.

HISTOIRE ADMIRABLE

Novvellement Advenve
en la ville de Thouloufe.

V Ne ieune Damoifelle yffue d'vne des bonnes maifons de Daulphiné, recogneuë pour tres-honefte, fage & vertueufe, ayant efté mariee auec vn gentil-homme fort braue & de grãds moyens, parent de deffunt la Molle : lequel faifoit fa refidence ordinaire en vne fienne belle maifon des champs; apres auoir demeuré deux ans auec luy en grande paix & rare amitié, vint à demeurer veufue fans en auoir aucuns enfans : ce qui luy faifoit porter cefte perte auec plus grand regret & defplaifir, fe fentant eftrange-mẽt ennuyée ainfi feule, n'ayant aucun gage de leur commune amitié. Pour aucunement fe confoler, fe refolut de retourner prendre l'habitatiõ de la vil-le, tant pour y hanter fes parens, que pour y auoir meilleur moyen & commodité d'aller aux predica-tiõns entendre la parolle de Dieu, & affifter au fer-uice diuin, qui y eft trop mieux celebré, & auec trop plus de deuotion qu'aux villages, où le plus fouuent les preftres ne fe trouuent pas fort fçauans. Cefte femme eftoit fort deuote, bien qu'affez gaye & nullement bigotte : elle fe mit en l'efprit d'ache-uer le refte de fa vie en perpetuelle viduité. Vn iour entre autres reuenant de l'Eglife elle rencõtre prés la porte de fa maifon vn homme de fort belle façon

& mieux en ordre, qui fentoit parfaictement bon;
mais d'vne odeur trop plus fuaue que mufc, am-
bre, ciuette, & autres tels parfums : la face toutef-
fois fort trifte decoloree & blefme, feul, & n'ayant
lacquais ny feruiteur apresluy. Lequel l'ayant fa-
luee luy dit d'vne voix baffe & foible, Ie voy bien
Madamoifelle q̃ vo°ne me recognoiffez plus, ie prie
Dieu qu'il vous confole & confirme en voftre refo-
lution ; à quoy le regardant apres l'auoir humble-
mét falué, comme elle eftoit des plus courtoifes, elle refpondit: A la verité monfieur ie ne me fouuiens
pas vous auoir iamais veu que ie fçache, & vous
fupplierois volontiers de me dire, où & quand vo°
m'auez veuë, & comment vous pouuez fçauoir
mes penfees & intentions, que ie n'ay defcouuertes
à perfonne viuante. Ie vous en feray quelque iour
fouuenir du premier (replicque il) & à l'auenture
y prendrez vous plaifir, & vous efclairciray de l'autre. Mais pour cefte fois ie ne vous en diray autre
chofe, finon que prenant congé de vous, ie prieray
Dieu vous donner fes graces auec tout le contentement que fçauriez defirer: là deffus fe retire laiffant
la damoifelle vn peu troublee en merueilleux péfe-
ment, & fur le defir de fçauoir ce que vouloit dire
ce perfonnage, comme toutes femmes font infinie-
ment curieufes, fpecialement des chofes que l'on
feint ne leur vouloir declarer, toutesfois à quelque
temps cela fe paffe, fans qu'elle y penfaft d'auantage. Vn mois iuftement apres comme elle eftoit à
fa porte voicy le mefme perfonnage qui paffe ; mais
du tout changé, de face, de poil, de parolle, &
d'accouftremés, brief du tout diffemblable au premier, referué la couleur pafle, & fi ne fentoit plus

ceſte bonne odeur premiere, l'ayant acoſtée d'vn
Dieu vous gard, luy dit. Et bien madmoiſelle vous
ſouuenez vous de ce que ie vous dis dernierement?
Elle le regarde, & ne le reconoiſſant point luy reſpond, ie ne ſcay où vous m'auez oncques veuë, ny
tenu aucun propos: & i'eſtime que vous me prenez
pour vne autre. Nullement madamoiſelle, replique
le perſonnage, vous eſtes vne telle, veufue d'vn tel,
lequel i'ay autresfois fort aymé & chery, & vous
pour l'amour de luy : les amitiez des perſōnes d'hō-
neur & vertueux ne s'oublient pas ayſement Vous
m'obligeriez beaucoup de m'eſclaircir vn peu
mieux de cela, monſieur, luy dit-elle : auſſi le feray-
je, mais ie vous veux donner temps pour vous en
rememorer vous meſmes, au parauāt vous declarer
ce ſecret. Elle plus deſireuſe que iamais de l'entendre ſe preparoit à l'importuner & à eſſayer d'en ti-
rer quelque choſe ſur l'heure : mais iceluy en oſta
le moyen par ſa retraicte, luy diſant adieu. Alors
elle ſe ſouuient du premier perſonnage qui l'auoit
accoſtee, rumine & remaſche ces propos, & quelquesfois prend opinion que c'eſtoyent perſonnes
qui ſe vouloient donner carriere, cu qui la vouloiét
rechercher de mariage: & autresfois entre en quelques ſoupçons que ce fuſſent magiciens, ou bien
illuſions de l'ennemy : toutesfois elle n'en declare
rien à perſonne, non pas meſmes à ſes propres parés.
Vn autre moiss'eſcoule depuis ceſte ſeconde veuë,
en fin duquel au retour du ſermon vn Dimāche en-
trant en ſa maiſon, vn tiers perſonnage, mais trop
mieux en ordre, & ſentant beaucoup meilleur que
les deux premiers, auſquels il ne reſſembloit nullement, encore que touſiours paſle & le viſage tri-

fte, fe prefente à fa porte, dont elle fe trouua plus troublée qu'elle n'auoit encores efté, craignant que ce ne fuffent quelques volleurs : mais luy s'en apperceuant pour luy ofter cefte frayeur, luy dit, oftez oftez cefte opiniõ de voftre efprit madamoifelle: Ce fera (fi vous le trouuez bon) que ie vous diray à prefēt ouuertement ce que ie vous promis dernieremēt. Elle fentant vne efmotion extraordinaire ne laiffe de le regarder fermement, ne le recognut pas : bien fe fouuint elle des deux autres, remarque toutesfois cefte pafleur en la face & aux leures, & fur tout cefte bonne odeur, plaifante à merueilles; alors toute tremblante dit, ie ne fçay ce que vous me voulez dire : vous ne m'auez rien promis, & ne vous ay requis de rien, fi le pouuez vous entendre, repart-il, vous iurant & proteftant fur mon ame, laquelle eft fur l'attente & efperance de iouyr en bref de la beatitude eternelle, que ie ne vous diray rien qui vous puiffe offencer & moins faire offencer Dieu, ny qui puiffe donner la moindre tache à voftre honneur, lequel i'ay eu tant que iay vefcu, & auray toufiours tres-cher. Elle s'eftonne de ce ferment, & encores plus de ce mot, tant que i'ay vefcu. Entre en foupçon que s'eftoient des illufions de l'efprit de menfonge, fe recommande en fon cœur deuotement à Dieu, & le prie de ne la laiffer feduire par tentation: & foudain apres cefte priere fe fentant vn peu fortifiee de courage dit vous profiteriez fort peu mõfieur à me tenir propos contre l'honneur de Dieu, & le mien particulier. Mais fur l'affeurance du ferment que m'auez fait, que ie croy eftre d'homme d'honneur, ie fuis contente de vous entendre: auffi bien eft-ce la 3. fois que diuerfes perfonnes comme vous

m'ont fait de telles ouuertures. Puiſ-donc que vous
eſtes reſolüe de m'entendre, il m'eſt à preſent permis le vous dire (elle remarque cés motz à preſent
permis.) Mais auſſi faut-il de voſtre part que
vous me promettiez & iuriez de ne me rien celer
de ce que ie vous demanderay, & me diſiez la pure
verité. Ie n'ay point accouſtumé de mentir (dit-
elle) & vous promets ma foy que ie vous le diray
à la verité, ſi c'eſt choſe qui me ſoit licite & permiſe
de dire, & où Dieu ne ſoit point offencé. Or bien
Madamoiſelle ie l'entends ainſi, & alors luy deman-
dé, vous ſouuenez-vous du iour que vous euſtes la
premiere fois voſtre deffunt mary, & qu'il vous tint
tels propos? il eſt vray, reſpondit-elle: lors que vous
feuſtes fiancée, ne vous dit-il pas vous ramenant de
l'Egliſe. I'eſtime madamoiſelle que Dieu benira no-
ſtre mariage: ie ſens vn tel contentement en moy-
meſme, & vn tel deſir de viure auec vous en ſi par-
faicte & loyale amitié qu'il ne s'en trouuera gueres
de ſemblables. Ie vous aſſeure, monſieur (replica-
ſtes vous lors) que vous m'auez preuenuë: car i'e-
ſtois ſur le point de vous dire la meſme choſe, & y
adiouſter mon tres-humble ſeruice: vous ſçauez
que cela fut dict tout bas, & entendu de nul: ce qu'elle confeſſa veritable. Puis adiouſte, vous ſouuenez
vous quels habits auoit voſtre mary le iour de ſes
nopces? lors elle le regarde, & luy dit, Ieſus monſieur, il me ſemble que voila les meſmes habillemés
où les auez vous recouurez? il ne reſpond rien à ce-
là, & ſuiuit, vous ſouuenez-vous auſſi de tels propos
qu'il vous tint au parauant que d'entrer au lit: ceux
qu'il vous dit deuant & apres la conſommation du
mariage, qui fut tel iour, en telle maiſou, & en telle

chambre. Et luy ramenteuant confeſſa que ouy, L'auez vous iamais découuert à nul? non ce dit-elle à perſonne viuante, ce ſont choſes qui ne ſe doiuent pas dire. Mais comment l'auez-vous peu ſçauoir vous meſmes ?il luy raporta d'autres particularitez de leur mariage, dequoy ceſte Damoiſelle rauie en admiration & eſtonnee outre meſure, reprend ſes premieres opinions que c'eſtoit veritablement quelque enchanteur ou demon :elle tremble de crainte & d'apprehenſion, lors il luy dit? n'ayez peur, madamoiſelle, & n'eſtimez aucunemēt que ie ſois enchanteur, ny demon: ie ſuis l'homme que vous auez autresfois le plus aymé au monde; regardez moy bien ie vous prie, vous me recognoiſtrez à preſent ſans faute. A l'inſtant iettant la veuë ſur luy plus ententiuement, le recognut pour eſtre du tout ſemblable à ſon feu mary. Ah (dit-elle) que ſuiſ-je! ou ſuiſ-je! quelle merueille? ſoudain cét hōme continue & luy dit, ne me touchez pas madamoiſelle. Vous deüez ſçauoir que ie ſuis vrayement voſtre mary decedé il y a tel temps, qui à l'article de la mort vous dit tels propos, leſquels il luy declara. Le grand Dieu du Ciel par grace ſpeciale, pendant ce qui me reſte, pour la purgation de mon ame, m'a permis de r'entrer en ce corps pour quelque temps: mais à telle condition qu'il ne peut reprendre nulles des actions humaines: c'eſt à ſçauoir du manger, boire, dormir, & autres telles choſes: la ſeule parole, conceptions & honneſtes deſirs me ſont permiſes ; & ſi il y a ce point que autre que vous ne me peut voir ny entendre , & croyez certainemēt que ie ne vous faſcheray ny diray parole qui vous offence, & moins entreprendray rien ſur voſtre perſonne : car outre qu'il ne me feroit permis, ne pouuãt (comme ie vous ay ja fait entendre) vfer d'auçune action, ie n'en ay nul defir, car ie crains Dieu, & attends bien toft fa mifericorde & affumption auec les ames bien-heureufes, ie vous reuiendray voir toutes les femaines vne feule fois, iufques à ce que vous voyez autres merueilles : là deffus difparut. Vous deuez croire que cefte damoifelle entra en de merueilleux penfements, tant fur l'incertitude de ce qu'elle deuoit faire de le reueler à quelqu'vn, ou de le taire du tout. En fin elle fe refolut de le dire à fon Confeffeur, lequel s'en eftonna fort, & luy dict, Prenez garde madamoifelle que ce ne foyent quelques fantofmes & illufions du Diable, qui eft malicieux & tres-fubtil : & quelquesfois fe transforme en Ange de lumiere pour feduire non feulement les fimples, mais bien fouuent les plus aduifez, Il vous faut armer des armes de l'Eglife, recommandez vous à Dieu, muniffez-vous du precieux Corps & fang de noftre Seigneur, reîterez fouuent la confeffion de vos pechez, ieufnez & faites des aumofnes, & autres œuures de charité, Et vous confiant en Dieu : Soyez affeurée que l'ennemy ne pourra rien contre vous, refiftez luy & il s'enfuyra (dit l'Apôftre) Sur tout fi ce perfonnage retourne prenez bié garde s'il a quelque deformité fur luy, ou quelque marque, car nous tenons que le diable ne fe peut tellement defguifer, qu'il n'y refte toufiours quelque marque qui le fait recognoiftre, Dieu ne voulãt permettre qu'il prenne entierement & parfaitement la forme de l'homme, cela n'eftant permis qu'aux Anges benifts, & gardez vous bien de luy donner ny permettre quelque chofe que ce foit, car

ſi c'eſt vn demon il vous en importunera, & vous
tiendra propos, que iugerez aſſez n'eſtre de Dieu,
fuyez cela, & ne luy donnez aucune priſe : Ce ſaint
conſeil pris, elle ſe reſolut d'en faire ainſi, le perſonnage reuient & continue ſes veuës toutes les ſemai-
nes vne fois, ſans luy tenir vne parole des-horeſte,
ains toutes choſes vertueuſes, ſaintes & fort beaux
enſeignemens, iamais elle ne le vid rire, iamais il
ne luy touche & ne luy demande aucune choſe, ce-
là faict qu'elle s'aſſeure, & quelquefois ſe trouuant
eſmeuë de quelque eſguillon il luy dit ha ! ne vous
eſmouuez ma grand' amie, il ne faut pas penſer à
ce là, dont elle rougit tres-fort eſtonnée comme il
l'auoit peu cognoiſtre, ces veuës ſe côtinuet ſix mois
ſans que perſonne viuante s'en aperçoiue, En fin
deſquels comme ceſte Damoiſelle eſtoit riche, belle, encores icune, & tenue pour tres-vertueuſe &
chaſte (comme elle eſtoit de vray) vn gentil-homme de grands moyens natif de Cahors en Quercy
la faict rechercher de mariage, & en parle à ſes parents, leſquels voyans ce party fort aduantageux
pour elle, luy en parlent & s'efforcent de la perſua-
der d'y entendre, ce qu'elle reiette fort loing, & leur
dict qu'elle eſtoit du tout reſolue à la viduité, ce que
raporté au gentil-homme il ne le prit pour argent
comptant ne ſe deſiſte de ſa pourſuitte, mais en
preſſe d'auantage les parents, leſquels s'aduiſent
de s'aſſembler, & y appeller le perſonnage & la Damoiſelle, & les faire parler enſemblement, ce qui fut
faict apres le ſouper. Ce gentil-homme tire à part
la Damoiſelle, & luy dict, ie crois madamoiſelle
que meſſieurs vos parents vous ont faict entendre
la recherche que ie faiſois, pour paruenir au ma-

riage d'entre vous & moy, que ie nevous celleray,
point defirer plus que chofe du monde , voftre
beauté, fageffe & modeftie , mais encores plus la
grande chafteté dontvous eftes renōmée, & non pas
vos biens, encores que fuffifans, m'ont tellement ra-
uy & efpris, que ie vous fupplie auoir agreable cefte
aliance, qui ne vous peut eftre qu'honorable, ayant
de la grace de Dieu des biēs fuffifammēt pour viure
opulēmēt & à noftre ayfe, ie ne me vāte pas (dit-il)
en riant d'eftre des plus beaux: mais auffi ne fuis-ie
pas des laids, vous fcauez comme ie fuis hautement
apparēté & ay des maifons aux champs pour nous
y refiouyr. Monfieur (luy refpondit elle) ie ne puis
finon vous remercier (comme ie fais en toute hu-
milité) de l'honneur que vous me faictes de me re-
cercher, ie ne doute nullement de voz vertus, haults
moyens & alliance, ie ne merite pas fi grand heur &
ay regret que le vœu que i'ay fait de demeurer en
veufuage, priue de ce grand bien, le Gentil-hom-
mfe fe perfuade cefte refponce eftre d'artifice & mi-
gnardife, pour l'efchauffer d'auantage, luy dict: Madamoifelle vous y penferez, ie ne perds l'efperance
de vous faire ietter le froc aux horties, & fe retirant
prend congé, il pourfuit toufiours, & en fin cefte
pauure Damoifelle fut tant pouffee & importunée,
que voyant mefmes que depuis telles pourfuittes
fon pretendu mary ne paroiffoit plus, elle s'accorde: le contract de Mariage fe paffe, iour pris pour fe
fiancer, & allant la Damoifelle à l'Eglife pour ce faire, elle ne fut pas pluftoft entrée, qu'elle entend vne
voix qui luy dict tout bas, *Penfez à ce que vous faictes,*
dont effrayée, feinct vne pafmoifon & faillan-
ce, & fans paffer outre fe feit rapporter à la maifon.

B ij

où huict iours entiers elle garde le lict, pendant lef-
quels fes parens l'eftant venu vifiter leur dict qu'elle defiroit fort que fon mariage n'allaft point plus a-
uant,& que c'eftoit forcément, & contre fa voloté.
Partant qu'elle eftoit refolue de le declairer au Gé-
til-homme,furquoy ils luy remóftrentle tort qu'elle feroit en cela à elle & à eux mefmes &que ce feroit fe faire vn ennemy de gayeté, de cœur,qu'il ne
falloit point parler de ce defdit, le contract eftant
paffé.Bref la fceurent fi bien rãger qu'elle s'accorde
du tout: Pourueu, ce dict elle, que le fiancer & le
marier foyent en mefme temps, à fin que ie n'aye
point loifir de me repentir. Cela s'execute, & deux
iours apres font efpoufés, & comme à la Meffe ce
nouueau maryé luy prefente la Paix pour la baifer,
(ainfi que c'eft la couftume) vnevoix luy dict à l'o-
reille, Ah mamyeà Dieu, ie m'en voy pour ne plus
retourner, furquoy elle tombe de fon hault efua-
nouye, neantmoins à force de remedes on l'a faict
reuenir fort trifte, par l'efpace de deux heures,au
bout defquelles elle fe fetit du tout chãgée engaye-
té,& ne fe fouuient nullement de ces trois hommes
ne de ces voix. Le feftin fe faict affez ioyeufement&
apres les tables leueés du foir, voicy vn corps mort
& enfeuely qui s'aparoift au milieu de la falle def-
couuert de la face& les mains ioinctes,rendant vne
odeur admirablement doulce. Ie vous laiffe à pen-
fer s'il y en eut deffrayéz, comme de faict la plus
grand partye de la compagnie, principallement les
femmes s'enfuyrent,les hommes plus fages conftãs,
& affeurés,voulurent veoir la fin de cefte merueille
& s'aprochent du corps qui fut recogneu par quelques vns auec la vraye face & femblance du premier

mary, la femme le dict aussi, & se resouuient de ceste odeur, & entra en vne merueilleuse craincte de leue-nement de cest estrange prodige. D'auantage le Cu-ré de la Parroisse de ceste Damoiselle, estoit à l'asse-blée aussi peu asseuré que les autres, qui toutesfois faisoit bonne mine, enuoye querir son Vicaire & quelques Prebstres auec de l'eau beneiste, dont il iette sur ce corps, & dict quelques legeres coniura-tions, vn Conseiller du Parlement & autres person-nes d'auctorité & de lettres qui estoyent là, furent d'aduis d'enuoyer querir des Medecins & Chirur-giens, auec quelque Docteur en Theologie pour prendre leur aduis de ce qui estoit sur ce à faire, les-quels à peine auoir bien manié & recogneuce corps, qui fut iugé, de tous estre vn vray & naturel corps, de l'aduis d'vn des medecins qui le meiten auant, trouuerent bon de faire fouiller en la fosse & dans le cercueil où le mary auoit esté inhumé, enuiron vn an & demy auparauant. Ce qu'estant executé, trouuerent vuyde la biere, aussi nette & entiere que si elle fust venu de faire, & sentant la mesme odeur, que le corps qui estoit en la salle, ce qu'ayans ra-porté à la compagnie ils resolurent d'en faire le len-demain rapport à la Cour. Et cependant firent mettre des gardes au corps, la Damoiselle lors con-ficte en larmes & pleurs se met à declarer tout au long & bien particulierement le faict comme il est cy dessus discouru, dont ils furent fort esmerueillez, & du tout estant faict ample discours, & rapport à la Cour, par les Medecins & Theologiens, & pris leur aduis (qui certifierent & asseurerent que c'estoit le vray corps du mary defunct, & que sa frescheur, sa bonne odeur, ceste face descouuerte, & ses mains

ioinctes comme en prieres, faiſoyent foy de la beatitude de l'ame, Il fut ordonné que ce corps ſeroit
enleué & ſolemnellement remis en ſon Cercueil, aſ-
ſiſté de gens d'Egliſe, du nouueau mary, & de la Damoiſelle habillés en dueil, & dict vn ſeruice ſolénel.
Que ce dueil ſeroit porté & continué par les deux
mariez trois mois entiers. Pendant leſquels il leur
eſtoit defendu d'habiter l'vn auec l'autre, & admo-
neſtez d'eux mettre en bõ eſtat, prieres & oraiſons,
au bout deſquels trois moys apres vn autre ſeruice
dict, pourroyent ſe remettre enſemble, & iouyr du
fruict de leur Mariage . Cela à appreſté de merueilleux diſcours & diſputes entre les Theologiens de
deçà, ſur le retour des eſprits & ces mots, *Spiritus
vadens & non rediens*, & comme auſſi ſi cela ſe pou-
uoit appeller Reſurrection de corps, puis-qu'il n'en
faict aucune action, ie croy que par Meſſieurs de
ceſte ville en ſera en bref enuoyé vn certificat à Paris. Mais ie le vous ay bien voulu faire ſçauoir auparauant, comme le tout s'eſt paſſé.

F I N.

Extraict du Priuilege.

PAr grace & priuilege du Roy il est permis à Iacques le Roy, Libraire à Paris d'imprimer ou faire imprimer vn liure intitulé *Histoire merueilleuse & admirable.* Depuis naguieres aduenue au pays de Languedoc à la personne d'vne Damoiselle, auec deffence à tous autres de l'imprimer ou faire imprimer, vendre & distribuer d'autres que ceux dudit le Roy durant le temps & espace de trois ans, à peine de confiscation d'amende arbitraire & autres peines portées par le priuilege, Donné à Paris le 13. de Iuing 1609. Et de nostre regne le 20.

Signé, BRIGARD.

www.ingramcontent.com/pod-product-compliance
Lightning Source LLC
LaVergne TN
LVHW021627170726
843501LV00010B/4213